BOEKANALYSE

De man
die bomen plantte
· · · · · · · · · · · · · · · · ·

Jᴇᴀɴ Gɪᴏɴᴏ

BOEKANALYSE

Geschreven door Marine Everard
Vertaald door Nikki Claes

De man
die bomen plantte

Jean Giono

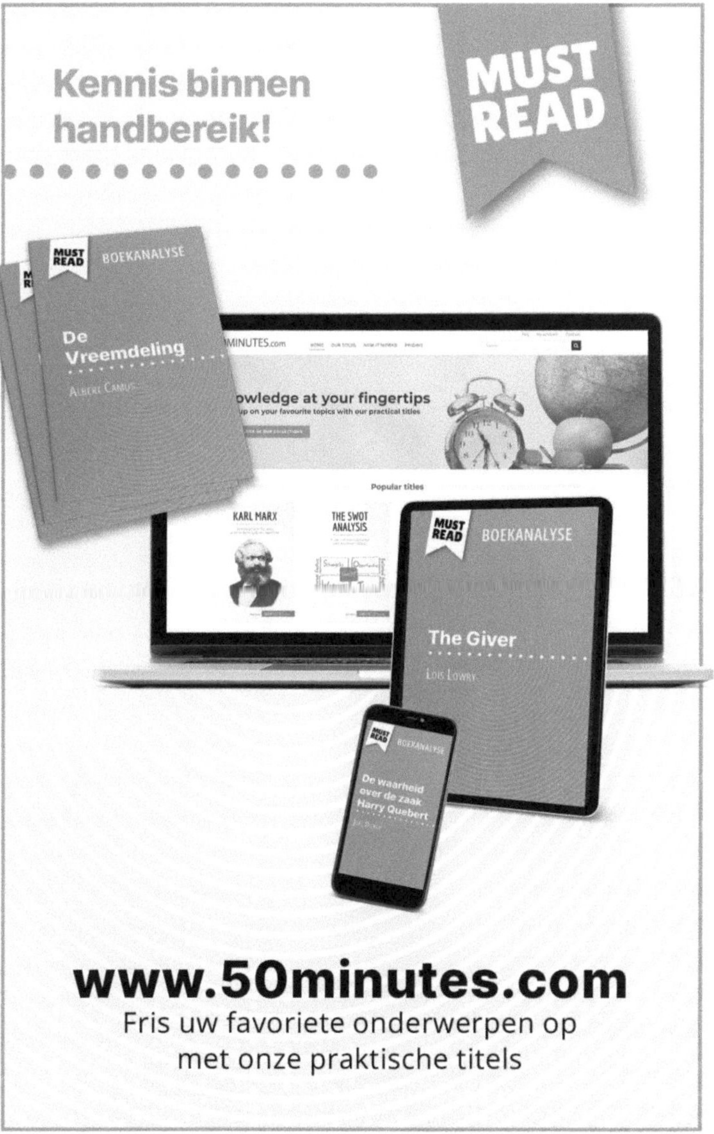
Kennis binnen handbereik!
MUST READ
MUST READ
BOEKANALYSE
De Vreemdeling
Albert Camus
Popular titles
KARL MARX
THE SWOT ANALYSIS
MUST READ
BOEKANALYSE
The Giver
Lois Lowry
BOEKANALYSE
De waarheid over de zaak Harry Quebert
www.50minutes.com
Fris uw favoriete onderwerpen op met onze praktische titels

JEAN GIONO

FRANSE SCHRIJVER

- **Geboren in Manosque (Frankrijk) in 1895**
- **Overleden in Manosque in 1970**
- **Opmerkelijke werken:**
  - *Het lied van de wereld* (1934), roman
  - *De sterke zielen* (1950), roman
  - *De ruiter op het dak* (1951), roman

Jean Giono was een Franse schrijver en filmmaker die in 1895 in Manosque werd geboren. Nadat hij in 1914 in dienst was gegaan en diep geschokt was door zijn oorlogservaring, werd hij een overtuigd pacifist, in die mate zelfs dat hij in 1939 gevangen werd gezet omdat hij pacifistische teksten had geschreven. Vervolgens werd hij ten onrechte beschuldigd van collaboratie met de nazi's, wat een zekere duisternis in zijn latere werk zou brengen. Hij stierf in 1970.

Zijn romancyclus wordt gekenmerkt door een diep humanisme, door de verering van de natuur en het plattelandsleven, en door de oorlog. Hij stelt de mens en de natuur beurtelings centraal in zijn beschouwingen. Giorno is de auteur van *Hill of Destiny* (1929), *To the Slaughterhouse* (1931), *The Song of the World* (1934), *Joy of Man's Desiring* (1935), *The Strong Souls* (1950) en *The Horseman on the Roof* (1951).

DE MAN DIE BOMEN PLANTTE

"MAAK HET PLANTEN VAN BOMEN LEUK"

- **Genre:** kort verhaal

- **Referentie uitgave:** Giono, J. [Geen datum]. *De man die bomen plantte*. [Online]. Trans. Doyle, P. [Accessed 24 October 2016]. Beschikbaar vanaf: <http://www.perso.ch/arboretum/Man_Tree.htm?Submit.x=20&Submit.y=5>

- **Eerste editie:** 1953

- **Thema's:** ecologie, natuur, geluk, leven, harmonie

De man die bomen plantte is een kort verhaal van Jean Giono dat in 1953 werd geschreven voor het tijdschrift *Reader's Digest met* als thema "de meest uitzonderlijke persoon die ik heb ontmoet". De auteur verhaalt over de reis van Elzéard Bouffier, een eenzame herder die een verlaten woestijnge-bied weer tot leven bracht door eenvoudigweg bomen te planten. De auteur wilde dat zijn tekst rechtenvrij zou zijn, zodat hij zijn functie optimaal kon vervullen en "het planten van bomen sympathiek kon maken". Deze tekst reisde de wereld rond en voedde talrijke groene initiatieven. Hij lijkt nu te worden geclassificeerd als kinderliteratuur, hoewel hij niet met dat doel is geschreven, en onthult een diepte van bete-kenis die op het eerste gezicht onverwacht is.

SAMENVATTING

Van 1913 tot 1945 vertelt de verteller over zijn ontmoetingen met Elzéard Bouffier, een oude herder die voortdurend bomen plant in Alpes-de-Haute-Provence, zodat dit woestijngebied geleidelijk aan herboren wordt en er weer leven in komt.

In 1913 maakt de verteller een wandeling in het noorden van de Alpes-de-Haute-Provence, in een dor en desolaat landschap, over "dorre en desolate gronden". Hij ontmoet een zwijgzame oude man, Elzéard Bouffier, die hem uit zijn veldfles laat drinken en de nacht doorbrengt in zijn stenen huis dat hij zelf heeft gerestaureerd. Geïntrigeerd door het nauwgezette werk van de herder, die voor het slapen gaan eikels sorteert en klaarmaakt, vergezelt hij hem om de volgende dag zijn schapen te laten grazen. In feite heeft de man zich de afgelopen drie jaar gewijd aan het planten van bomen met als doel het leven terug te geven aan deze woestijnregio die wordt gedomineerd door dood en verlatenheid.

Het jaar daarop wordt de verteller ingelijfd en vertrekt hij naar het front. Na de oorlog besluit hij, om "een beetje zuivere lucht in te ademen", terug te keren naar de eenzaamheid van het "verlaten land" Alpes-de-Haute-Provence. Tot zijn verbazing merkt hij dat er op de voorheen kale hoogten een bos is ontstaan en vindt hij Elzéard Bouffier in blakende gezondheid. De herder is imker geworden en voert nog steeds ijverig zijn plantwerk uit, onwrikbaar ondanks de jaren van oorlog. Na eiken heeft hij beuken en berken geplant. In een natuurlijke reactie heeft de aanwezigheid van bomen water teruggebracht in de bodem, en dit water heeft het dode dorp beneden bereikt.

Vanaf 1920 bezoekt de verteller regelmatig de oude man die, ondanks de obstakels die hem in de weg staan, onvermoeibaar doorgaat met zijn project. Geleidelijk aan raakt het uit het niets ontstane bos aan de praat. De bestuurlijke autoriteiten, die denken dat het op natuurlijke wijze is ontstaan, besluiten het bos "onder bescherming van de staat" te stellen. De verteller stelt Elzéard Bouffier voor aan een vriend die een van de hoofdboswachters is en onthult hem de waarheid, zodat het bos en het werk van de oude man worden beschermd tegen houthakkers en ontbossing.

De verteller ontmoet de herder voor het laatst in 1945. De streek is volledig veranderd en hij herkent nauwelijks de plaats van zijn vroegere reizen: dorpen zijn herbouwd en gezinnen hebben zich er gevestigd, met name in het dorp Vergons, dat onherkenbaar is. De hardheid van het klimaat en het woeste karakter van de inwoners hebben plaatsgemaakt voor een gemakkelijk leven. Nu "bloeit het hele land met pracht en praal": de ongeveer 10 000 inwoners van de streek hebben het geluk gevonden dankzij Elzéard Bouffier, die in 1947 in een hospice in Banon overlijdt.

KARAKTERSTUDIE

ELZÉARD BOUFFIER

Elzéard Bouffier is "de man die bomen plantte", het centrale personage van het korte verhaal, en wordt door Giono voorgesteld als iemand die echt heeft bestaan, ook al is hij volledig fictief. Hij is 55 jaar oud wanneer de verteller hem in 1913 ontmoet en 87 jaar oud wanneer hij hem voor het laatst ziet in 1945. In 1947 sterft hij op 89-jarige leeftijd in een hospice.

Een gewone man...

Na het verlies van zijn vrouw en zoon trok hij zich terug in de bergen waar hij herder werd. Hij is een eenzame en rustige man, die niet veel spreekt, maar "zeker van zichzelf en vol vertrouwen in deze zekerheid" lijkt. Zijn huis is nederig, en schoon en netjes van binnen. Hij leidt een eenvoudig en bescheiden leven, en biedt de verteller vanzelfsprekend kost en inwoning aan, volgens de basisregels van de gastvrijheid. Naast zijn werk als herder heeft de oude man zich tot taak gesteld een bos te planten in de streek, die woest en dor is. Daaraan wijdt hij zijn dagen in de berg, en hij voert het werk methodisch en bescheiden uit met een eenvoudige ijzeren stok.

...die buitengewone dingen bereikt

Het portret van de herder door de verteller is vol lof: het lovende register overheerst. Het gebruik van superlatieven, bijwoorden van intensiteit en een melioratief lexicon benadrukken de "uitzonderlijke kwaliteiten" van dit personage, die paradoxaal genoeg voortkomen uit zijn eenvoud: zijn "actie is gespeend van elk egoïsme"; zijn gedrag is "van ongeëvenaarde vrijgevigheid"; hij geeft blijk van "koppigheid bij het uitvoeren van deze prachtige daad van vrijgevigheid" en "standvastigheid […] grootheid van ziel, en […] onbaatzuchtige toewijding"; en hij weet zelfs "veel meer over dit soort dingen dan wie dan ook". De verteller geeft blijk van grote verbazing over en grote bewondering voor het optreden van Elzéard Bouffier, zozeer zelfs dat hij hem vergelijkt met de goddelijke schepping. Hij gebruikt de termen "schepping" en "werk" en stelt dat de oude man een "atleet van God" is en dat hij "een werk tot stand wist te brengen dat God waardig was". Zijn werk is zo buitengewoon alsof het voortkomt uit een bovennatuurlijke kracht: Elzéard "was in staat een woestijn te veranderen in dit land Kanaän" met alleen "zijn eigen eenvoudige fysieke en morele middelen". Met alleen de kracht van zijn handen en zijn vastberadenheid, met geen andere hulp dan zijn wilskracht, heeft hij zichzelf op hetzelfde niveau als God kunnen brengen. De reikwijdte van zijn werk is bijna onmetelijk: als gevolg van de aanleg van het bos (dat zich kilometers ver uitstrekt) vindt er een natuurlijke kettingreactie plaats. Water komt terug, gevolgd door vegetatie, natuurlijke cycli en de mildheid van het klimaat, families verhuizen erheen, sociale banden worden opnieuw gevormd, culturen en boerderijen verschijnen; in één woord, er is geluk.

Zo is Elzéard Bouffier een "onbeschaafde boer", een herder, die de figuur van de kunstenaar of de figuur van de profeet belichaamt (de naam Elzéard lijkt op Eleazar, wat "hij die de steun van God heeft" betekent). Hij staat ook symbool voor humanistische waarden: vrijgevigheid en onbaatzuchtigheid, werk en respect voor de natuur. Hij bezit de sleutel tot het menselijk geluk en is erin geslaagd zin te geven aan zijn leven en aan de menselijke conditie in het algemeen, door de inwoners van de regio naar welzijn en vrede te leiden.

DE VERTELLER

Aangezien de tekst wordt gepresenteerd als een verslag van de ervaringen van de auteur, vertoont deze veel overeenkomsten met de verteller. De ervaring van "de oorlog van 14 […] waarin ik vijf jaar betrokken was" als "infanterist" is autobiografisch, evenals de deelname aan de Slag om Verdun, die wordt vermeld. De geboortestreek van de verteller en de plaats waar hij terugkeert naar zijn wortels is de vallei van de Durance, omgeven door bergen. Dat geldt ook voor Giono, die deze streek in een aantal werken viert. De ideologische standpunten van de verteller zijn die van de auteur zelf, zowel wat betreft de onderliggende veroordeling van de oorlog als de landelijke utopie die aan het eind van het korte verhaal wordt geschetst.

De verteller speelt ook de rol van getuige en helper in het verhaal. Hij is degene die het werk en de rust van de herder helpt beschermen, met name door tussenkomst van zijn vriend de boswachter, omdat hij "de waarde van de dingen begreep". Op dit niveau is er een scheiding tussen de verteller en de auteur.

ANALYSE

EEN BIOGRAFISCHE NOTITIE, OF EEN VERLANGEN OM TE MISLEIDEN

Jean Giono hield de mythe van Elzéard Bouffier lange tijd in stand en beweerde dat de vertelde feiten waar waren. Pas in 1957 onthulde de auteur in een brief aan de directeur water en bossen van Digne het bedrog: Elzéard Bouffier is een denkbeeldig personage, gecreëerd om mensen te inspireren en hen bomen te laten planten. In feite is het korte verhaal opgebouwd als een biografische nota: het vertelt, via een nauwkeurige chronologie, de belangrijkste gebeurtenissen uit het leven van Elzéard Bouffier en schetst een moreel en fysiek portret van hem. Bovendien wordt het verhaal afgesloten met de dood van de oude man, en sommige lovende woorden van de verteller lijken op grafschriften of doen de vertelling soms lijken op een begrafenistoespraak. De effecten van de werkelijkheid worden met name overgebracht door de plaatsing van het verhaal in een nauwkeurige historische en geografische setting.

- De geografische ligging, die nauwkeurig en nadrukkelijk wordt gedetailleerd, het gebruik van echte toponiemen (zoals het dorp Vergons) en verwijzingen naar werkelijk bestaande plaatsen (zoals het hospitium van Banon) verankeren het verhaal in de werkelijkheid:

> *"Dit gebied wordt in het zuidoosten en het zuiden begrensd door de middenloop van de Durance, tussen Sisteron en Mirabeau; in het noorden door de bovenloop van de Drôme, vanaf de bron tot aan Die; in het westen*

> *door de vlakten van Comtat Venaissin en de rand van de Mont Ventoux. Het omvat het gehele noordelijke deel van het departement Basses-Alpes, het zuiden van de Drôme en een kleine enclave van de Vaucluse."*

- De temporele setting, gebaseerd op een nauwgezette datering (1913, "sinds drie jaar", 1920, 1933, 1935, 1945 en 1947), verweeft de historische realiteit, autobiografische episodes en episodes uit het leven van Elzéard Bouffier, waardoor nauwkeurige chronologische referentiepunten worden vastgesteld. Historische verwijzingen naar de Eerste en Tweede Wereldoorlog helpen het verhaal in de realiteit te verankeren.

Het getuigeniskarakter van het korte verhaal, ten slotte, houdt verband met een literair middel dat de illusie van een authentieke vertelling wil wekken, in die zin dat een eerste-persoonsvertelling de lezer het meest doet geloven.

EEN HUMANISTISCHE PARABEL

Men kan dit zeer korte verhaal (ongeveer 10 bladzijden) vergelijken met een parabel of fabel, ondanks zijn realistische verankering. De parabel is, net als de fabel, een allegorische vertelling die een morele waarheid illustreert onder de dekmantel van een schijnbaar inconsequente of amusante anekdote. Zij wordt soms gebruikt voor religieuze doeleinden, met name in de Bijbel. De bijbelse en religieuze dimensie is hier inderdaad aanwezig, zowel in de verwijzingen ("nu was Lazarus uit zijn graf" verwijst naar een episode in de Bijbel het "land Kanaän" is de bijbelse naam van een regio in het Midden-Oosten, die ongeveer overeenkomt met het huidige Israël en Palestina) als in de figuur van Elzéard Bouffier, de "schepper". Symbolisch verbindt de boom de aardse wereld (zijn wortels steken in de aarde) en de hemelse wereld (zijn kruin strekt zich uit naar de hemel), vooral omdat de verteller de regio situeert "op ongeveer 1200 tot 1300 meter boven de zeespiegel". De tekst is dus doordrongen van een zekere mate van spiritualiteit.

Maar meer in het algemeen is *De man die bomen plantte* een humanistische parabel, in die zin dat het verhaal essentiële morele waarden illustreert en de lezer laat nadenken over de mensheid:

- De parabel illustreert de deugden van de stilte (het leidmotief van de stilte loopt als een rode draad door de tekst: het welsprekende zwijgen van de oude man en zijn laconieke gesprekken met de verteller staan tegenover de "nutteloze woorden" van de administratieve delegatie), van de onbaatzuchtigheid (het enige doel van de vrijgevigheid van de oude man die bomen plant is het terugbrengen van leven in de regio: hij streeft niet naar erkenning – de enige mensen die weten dat het bos zijn werk is, zijn de verteller en zijn vriend – of winst uit zijn onderneming), van werk en eenvoud (de oude man leeft netjes, stelt zich tevreden met het noodzakelijke en vermijdt al het overbodige). Het benadrukt het altruïsme van de oude man, dat paradoxaal genoeg voortkomt uit een eenzame actie in de marge van het menselijk verkeer en de technische vooruitgang.

- Het illustreert ook een kunst van gelukkig zijn door een combinatie van innerlijke harmonie (de oude man die door de jaren heen zijn bomen plant "heeft een goede manier gevonden om gelukkig te zijn"), harmonie met de natuur (in zekere zin helpt Elzéard Bouffier bij het natuurlijke proces van de geboorte van het bos, dat zich maar één keer verzet, wanneer de esdoorns sterven) en sociale harmonie (de dorpelingen vormen aan het eind van het verhaal een kleine, vreedzame gemeenschap). Deze drie dimensies werken in het verhaal op elkaar in, want het is door zijn "manier van gelukkig zijn" (het planten van bomen), een geheel persoonlijke en eenzame last, dat de oude man het geluk van de bewoners van de regio mogelijk maakt. Alleen de bomen dienen als verbinding tussen hen; ze hebben geen direct contact. Bovendien heeft de oude man een weelderige en genereuze natuurlijke omgeving gecreëerd, waardoor het mogelijk is een plattelandsleven te leiden in harmonie met de elementen. De levenskunst van Elzéard Bouffier laat het bos leven, dat op zijn beurt harmonie brengt in het leven van de dorpelingen.

VERNIETIGING VERSUS CREATIE

Een historische lezing van het korte verhaal is ook mogelijk, in verband met de parabolische dimensie ervan. *De man die bomen plant lijkt* namelijk de utopische dubbelganger die de traumatische ervaring van twee wereldoorlogen ongedaan maakt en afweert. Het is zeker geen toeval dat het verhaal begint vlak voor de Eerste Wereldoorlog (1913) en eindigt aan het einde van de Tweede Wereldoorlog (1945-1947). Het leven van Elzéard Bouffier loopt tegen de stroom van de rampen van zijn tijd in.

Er wordt een antithetische parallel getrokken tussen de "schepping" van Elzéard Bouffier, bron van leven, en de "vernietiging" als gevolg van de twee opeenvolgende oorlogen, bron van dood: "Toen ik bedacht dat dit alles was ontsproten aan de handen en de ziel van deze ene man – zonder technische hulpmiddelen – trof het mij dat de mens op andere terreinen dan de vernietiging even doeltreffend kon zijn als God." Afgesneden van de wereld, ver van het geluid en de woede van de tijd, straalt de man een sfeer van vrede en sereniteit uit die contrasteert met die van de slagvelden ("Het gezelschap van deze man bracht mij een gevoel van vrede"). Natuurlijk blijft de parallel onopvallend en impliciet: de oorlog verschijnt alleen op de achtergrond, verborgen door het buitengewone werk van Elzéard Bouffier, dat duizenden bomen en vele kilometers door het bos bedekt. Toch zijn er raakpunten tussen de twee werelden te ontdekken. Wanneer de herder de verteller "berkenstruiken van vijf jaar geleden laat zien, dat wil zeggen van 1915, toen ik in Verdun had gevochten", worden de bomen gepersonifieerd: ze zijn "zo teer als jonge meisjes, en zeer vastberaden". Via een metaforische echo staan deze berken voor de jonge, frisse en moedige mannen die bij Verdun het leven lieten. Evenzo legt de verteller uit: "Het bos liep geen grote risico's, behalve tijdens de oorlog van 1939. Toen reden auto's op houtalcohol, en er was nooit genoeg hout. Ze begonnen een deel van de opstanden van de eiken van 1910 te kappen…". De tekst kan in verband worden gebracht met andere teksten: in zijn roman *Naar het slachthuis* betreurt Giono de slachting van bomen als gevolg van de oorlog, en beschrijft hij de verwoestijning van het verwoeste platteland en de dorpen aan het front. Het woestijnachtige landschap en de spookdorpen in het eerste deel van het verhaal kunnen dan ook de persoonlijke herinneringen van de auteur weerspiegelen. Deze gebieden lijken inderdaad ook een catastrofe te hebben ondergaan ("de meest complete verlatenheid", "het skelet van een verlaten dorp", "alle leven was verdwenen", "de karkassen van de huizen", "dit land van alles ontdaan", enz.)

Als zodanig kan het bos symbool staan voor wedergeboorte en de wederopstanding van een menselijk ras in nood. De verschrikkingen van de oorlog hebben het idee van de mensheid zelf uitgewist, en de mens moet opnieuw bedacht en opgebouwd worden. De schepping van Elzéard Bouffier, het wonder van een wedergeboorte gesymboliseerd door de wederopstanding van Lazarus, leidt tot een schets van een landelijke utopie. Het is bijna een beschavingswerk, dat haaks staat op de woestheid van de streek en haar bewoners voordat het bos verscheen ("Het zijn plaatsen waar het leven arm is [...] Daar komt nog bij dat de even onophoudelijke wind de zenuwen irriteert [...] [De bewoners] waren wilden, die elkaar haatten en in hun levensonderhoud voorzagen door het zetten van vallen: fysiek en moreel leken ze op prehistorische mensen [...] Hun leven was zonder hoop"). Nu verschijnen de dorpen in een bucolische en landelijke sfeer, gekenmerkt door:

- de mildheid van het klimaat ("Alles was veranderd, zelfs de lucht zelf. In plaats van de droge, brute vlagen die mij lang geleden hadden begroet, fluisterde een zachte bries mij toe met zoete geuren");

- de idyllische leefomgeving ("De wind heeft ook bepaalde zaden verspreid. Toen het water weer opdook, verschenen ook de wilgen, eiken, weiden, tuinen, bloemen en een zekere reden om te leven");

- gemeenschappelijk werk, harmonie en vreugde ("De beken zijn gekanaliseerd. Naast elke boerderij, te midden van esdoornbossen, zijn de poelen van de fonteinen omzoomd door tapijten van verse munt. Beetje bij beetje zijn de dorpen herbouwd [...] Wandelend langs de wegen ontmoet je mannen en vrouwen in volle gezondheid, en jongens en meisjes die weten hoe ze moeten lachen en die de smaak van de traditionele rustieke feesten weer te pakken hebben").

De bomen zijn de waarborgers en bewakers van vrede en geluk, en de brengers van leven en beschaving. De natuur, die het leven laat bloeien, beschermt, in tegenstelling tot oorlog, de mensheid tegen haar woeste en destructieve uitwassen. De auteur nodigt de mensen uit om hun creatieve potentieel te ontwikkelen in plaats van hun destructieve kracht aan te wenden.

NAAR EEN GEACTUALISEERDE LEZING: ECOLOGISCH ENGAGEMENT

Hoewel het misschien enigszins anachronistisch is om te spreken van ecologisch engagement, in de politieke betekenis van het woord, is een geactualiseerde lezing van *The Man Who Planted Trees* toch mogelijk door het parabolische, en dus universele, karakter ervan. De belangrijkste boodschap is natuurlijk een oproep om bomen te planten in de strijd tegen de verwoestijning van het land en de ontbossing, en als symbool van het leven en de wil om werk te verrichten dat toekomstige generaties ten goede komt. In zekere zin heeft de betekenis van het verhaal zich in de loop der tijd ontwikkeld, omdat ecologische en milieukwesties centraal staan in de hedendaagse maatschappelijke en politieke debatten. De massale ontbossing en de vele menselijke en milieuproblemen die daarmee gepaard gaan, maken van *De man die bomen plant* een pijnlijk actueel manifest voor het behoud van ons natuurlijk erfgoed. In het verhaal worden de autoriteiten en vertegenwoordigers van de staat bespot en lijkt hun optreden ijdel en inconsequent, terwijl het werk van één enkele man betekenis heeft voor generaties. We zouden hierin vandaag de dag een kritiek kunnen lezen op het milieubeleid van onze leiders en een rechtvaardiging van een terugkeer naar de natuur in een wereld die verstoken is van waarden en bedreigd wordt door een ongebreidelde industrialisatie.

Eén lezing van het verhaal benadrukt de positieve werking van de mens op zijn omgeving en de harmonie tussen mens en natuur, die resulteert in sociale harmonie tussen mensen. Dit is een voor de hand liggend ecologisch ideaal. Het is belangrijk om duidelijk te maken dat dit natuuridee niet algemeen aanvaard is in het werk van Giono en dat *De man die bomen plantte* een aparte tekst is, zoals sommige critici hebben aangetoond. In ieder geval is de liefde voor bomen de kern van de boodschap die door het verhaal wordt overgebracht en die de verschillende leesniveaus overstijgt.

VERDERE REFLECTIE

ENKELE VRAGEN OM OVER NA TE DENKEN...

- Wie is Elzéard Bouffier? Wat zou hij kunnen voorstellen? Wat is de betekenis van zijn werk?

- Op welke manier kan gezegd worden dat deze tekst een parabel is? Wat is de betekenis van de gelijkenis?

- Wat is volgens u de belangrijkste boodschap van dit korte verhaal?

- Wat is de plaats van de verteller in het verhaal? Hoe kijkt hij aan tegen het werk van Elzéard Bouffier?

- Plaats *The Man Who Planted Trees* in relatie tot andere werken van Giono. Is zijn relatie tot de natuur dezelfde?

- Wat symboliseert de boom in het algemeen? Welke symboliek krijgt hij in Giono's universum in het bijzonder?

- Welke verbanden kunnen worden gelegd tussen het korte verhaal en bepaalde actuele thema's inzake milieubescherming?

- Vind je de vermelding van de oorlog belangrijk in het verhaal?

VERDER LEZEN

REFERENTIE-UITGAVE

Giono, J. [Geen datum]. *De man die bomen plantte*. [Online]. Trans. Doyle, P. [Accessed 24 October 2016]. Beschikbaar vanaf: <http://www.perso.ch/arboretum/Man_Tree.htm?Submit.x=20&Submit.y=5>

AANPASSING

The Man Who Planted Trees. (1987) [Animatiefilm]. Frédérick Back. Dir. Canada: Canadian Broadcasting Corporation. (Online beschikbaar op www.youtube.com)

*We horen graag van jou! Laat
een reactie achter op jouw online bibliotheek
en deel je favoriete boeken op social media!*

Waarom kiezen voor Must Read?

Kom alles te weten over een boek
met onze beknopte en diepgaande
samenvattingen en analyses!

Ontdek het beste uit de literatuur
in een compleet nieuw licht!

De uitgever garandeert de betrouwbaarheid van de gepubliceerde informatie, die echter niet onder zijn verantwoordelijkheid valt.

www.50minutes.com

Master ISBN: 9782808688895
Papier ISBN: 9782808610292
Wettelijk depot: D/2023/12603/1309

Omslag: © Primento

Digitaal ontwerp: Primento, de digitale partner van uitgevers.